7 MEJORES CUENTOS
MÉXICO

Tacet Books

7 MEJORES CUENTOS
México

Editado por
August Nemo

Editor August Nemo
Diseño de cubierta y interior Mayra Falcini
Marketing Horacio Corral

Catalogación en la Publicación (CIP)

Nemo, August (org).
N436 7 mejores cuentos - México / August Nemo (org.)– São Paulo, SP: Tacet Books, 2021.
53 p. : 14 x 21 cm

ISBN 978-65-89575-33-7

1. Literatura mexicana.

CDD 860.9

Tacet Books
Hecho en silencio
Para mentes ruidosas

www.tacetbooks.com
tacet.books@gmail.com

Índice

Introducción

La literatura de México es una de las más prolíficas de la lengua española cuyo antecedente radica en la literatura de los pueblos indígenas de Mesoamérica . Entre los escritores más importantes, notorios y reconocidos a nivel internacional están José Joaquín Fernández de Lizardi, Sor Juana Inés de la Cruz, Juan Rulfo, Juan José Arreola, Elena Garro, Octavio Paz, Rosario Castellanos, José Gorostiza, Carlos Fuentes, Amado Nervo, Jaime Sabines, Federico Gamboa, José Emilio Pacheco, Alfonso Reyes, Fernando del Paso y Ramón López Velarde por mencionar solo algunos nombres.

Históricamente, con la llegada de los españoles se produjo un proceso de mestizaje que luego dio paso a una época de criollización de la literatura producida en la Nueva España. El mestizaje de la literatura novohispana es evidente en la incorporación de numerosos términos de uso corriente en el habla local del Virreinato y en algunos de los temas que se tocaron en las obras del periodo. Durante la época Virreinal, la Nueva España albergó a escritores barrocos como Bernardo de Balbuena, Carlos de Sigüenza y Góngora, Juan Ruiz de Alarcón, Francisco de Castro, Luis de Sandoval y Zapata, Sor Juana Inés de la Cruz, llamada "La décima musa". Muy destacados todos, y que dieron la lucha inicial por la emancipación de la literatura nacional de la literatura de la península: Diego José Abad, Francisco Javier Alegre y fray Servando Teresa de Mier.

Hacia el final del régimen colonial, en Nueva España surgieron figuras como José Joaquín Fernández de Lizardi cuya obra, El Periquillo Sarniento, es considerada el emblema de la picaresca mexicana y la primera novela moderna escrita en el continente americano. Hacia la segunda mitad de ese siglo, surgen obras como Los mexicanos pintados por sí mismos, libro costumbrista que nos da una idea aproximada de cómo veían los intelectuales de la época al resto de sus coterráneos. Hacia el final del siglo, durante el Porfiriato, los escritores mexicanos se inclinaron hacia las tendencias dominantes de la época. Para celebrar el centenario de la Independencia de México, se preparó la llamada Antología del Centenario, que pretendía recopilar autores de los primeros cien años de México, pero quedó trunca y se publicó sólo el primer tomo en dos volúmenes que, sin embargo, recogen la poesía. Los grandes poetas de la época son fray Manuel de Navarrete, Fernando Calderón e Ignacio Rodríguez Galván. Destacan la pléyade de poetas modernistas como Amado Nervo y Manuel Gutiérrez Nájera. De la misma época y que recopiló la Antología del Centenario, Luis G. Urbina. De reconocido prestigio, Efrén Rebolledo, José Juan Tablada, Enrique González Martínez y Ramón López Velarde.

La irrupción de la Revolución mexicana favorece el desarrollo del género periodístico. Una vez concluido el conflicto civil, la revolución se convirtió en un tema recurrente en novelas, cuentos y obras teatrales en las plumas de Mariano Azuela o Rodolfo Usigli. Esta tendencia sería antecedente del florecimiento de una literatura nacionalista, que tomó cuerpo en la obra de escritores como Rosario Castellanos o Juan Rulfo. También aparece en escena una literatura de corte indigenista, que pretende retratar el pensamiento y la vida de los pueblos indígenas de México, aunque irónicamente, ninguno de los autores fuera indígena. Entre ellos hay que señalar a Miguel Ángel Menéndez Reyes, a Ricardo Pozas y a Francisco Rojas

González. De modo alterno a estas corrientes dominantes, se desarrollaron en el país otros movimientos menos conocidos por estar fuera del foco principal. Entre ellos hay que señalar a los estridentistas (década de 1920), como Arqueles Vela y Manuel Maples Arce.

Otro movimiento de gran relevancia para la historia literaria del país lo constituyó el grupo de Los Contemporáneos, quienes aparecieron durante la década de los años 30, el cual fue conformado por el periodista Salvador Novo y los poetas Xavier Villaurrutia y José Gorostiza. Ya hacia la segunda mitad del siglo XX, la literatura mexicana se había diversificado en temáticas, estilos y géneros. Surgen nuevos grupos, como La onda (década de 1960), que apostaba por una literatura urbana, satírica y contestataria; entre los autores destacados están Parménides García Saldaña y José Agustín; Los infrarrealistas (década de 1970), que pretendía "volarle la tapa de los sesos a la cultura oficial"; La mafia (década de 1960), conformada por Carlos Fuentes, Salvador Elizondo, José Emilio Pacheco, Carlos Monsiváis, Inés Arredondo, Fernando Benítez y otros. En 1990, Octavio Paz se convirtió en el único mexicano hasta la fecha que ha ganado el Premio Nobel de Literatura. En la década de 2010, surge un nuevo movimiento literario, a partir de la revista literaria El Comité 1973, movimiento que tiene lugar en el centro del país, entre Ciudad de México y la Ciudad de Pachuca, Hidalgo. En donde, entre los escritores que se reúnen, se encuentran: Guadalupe Flores Liera, Claudia Hernández de Valle Arizpe, Meneses Monroy, Agustín Cadena y Juan Antonio Rosado.

El Ángel Caído

Amado Nervo

Cuento de Navidad dedicado a mi sobrina María de los Ángeles

Érase un ángel que, por retozar más de la cuenta sobre una nube crepuscular teñida de violetas, perdió pie y cayó lastimosamente a la tierra.

Su mala suerte quiso que, en vez de dar sobre el fresco césped, diese contra bronca piedra, de modo y manera que el cuitado se estropeó un ala, el ala derecha, por más señas.

Allí quedó despatarrado, sangrando, y aunque daba voces de socorro, como no es usual que en la tierra se comprenda el idioma de los ángeles, nadie acudía en su auxilio.

En esto acertó a pasar no lejos un niño que volvía de la escuela, y aquí empezó la buena suerte del caído, porque como los niños sí suelen comprender la lengua angélica (en el siglo XX mucho menos, pero en fin), el chico allegóse al mísero, y sorprendido primero y compadecido después, tendióle la mano y le ayudó a levantarse.

Los ángeles no pesan, y la leve fuerza del niño bastó y sobró para que aquél se pusiese en pie. Su salvador ofrecióle el brazo y vióse entonces el más raro espectáculo: un niño conduciendo a un ángel por los senderos de este mundo.

Cojeaba el ángel lastimosamente, ¡es claro! Acontecíale lo que acontece a los que nunca andan descalzos: el menor guijarro le pinchaba de un modo atroz. Su aspecto era lamentable. Con el ala rota, dolorosamente plegada, mancha do de sangre y lodo el plumaje resplandeciente, el ángel estaba para dar compasión.

Cada paso le arrancaba un grito; los maravillosos pies de nieve empezaban a sangrar también. - No puedo más - dijo al niño. Y éste, que tenía su miaja de sentido práctico, respondióle: - A ti (porque desde un principio se tutearon), a ti lo que te falta es un par de zapatos. Vamos a casa, diré a mamá que te los compre.

- ¿Y qué es eso de zapatos? - preguntó el ángel. - Pues mira - contestó el niño mostrándole los suyos- : algo que yo rompo mucho y que me cuesta buenos re- gaños.

- ¿Y yo he de ponerme eso tan feo?... - Claro... ¡o no andas! Vamos a casa. Allí mamá te frotará con árnica y te dará calzado. - Pero si ya no me es posible andar..., ¡cárgame! - ¿Podré contigo? - ¡Ya lo creo! Y el niño alzó en vilo a su compañero, sentándolo en su hombro, como lo hubiera hecho un diminuto San Cristóbal.

- ¡Gracias! - suspiró el herido- ; qué bien estoy así... ¿Verdad que no peso? - ¡Es que yo tengo fuerzas! - respondió el niño con cierto orgullo y no queriendo confesar que su celeste fardo era más ligero que uno de plumas.

En esto se acercaban al lugar, y os aseguro que no era menos peregrino ahora que antes el espectáculo de un niño que llevaba en brazos a un ángel, al revés de lo que nos muestran las estampas.

Cuando llegaron a la casa, sólo unos cuantos chicuelos curiosos les seguían. Los hombres, muy ocupados en sus negocios, las mujeres que comadreaban en las plazuelas y al borde de las fuentes, no se habían percatado de que pasaban un niño y un ángel. Sólo un poeta que divagaba por aquellos contornos, asombrado, clavó en

ellos los ojos y sonriendo beatamente los siguió durante buen espacio de tiempo con la mirada... Después se alejó pensativo...

Grande fue la piedad de la madre del niño, cuando éste le mostró a su alirroto compañero. - ¡Pobrecillo! - exclamó la buena señora- ; le dolerá mucho el ala, ¿eh? El ángel, al sentir que le hurgaban la herida, dejó oír un lamento armonioso. Como nunca había conocido el dolor, era más sensible a él que los mortales, forjados para la pena.

Pronto la caritativa dama le vendó el ala, a decir verdad, con trabajo, porque era tan grande que no bastaban los trapos; y más aliviado y lejos ya de las piedras del camino, el ángel pudo ponerse en pie y enderezar su esbelta estatura.

Era maravilloso de belleza. Su piel translúcida parecía iluminada por suave luz interior y sus ojos, de un hondo azul de incomparable diafanidad, miraban de manera que cada mirada producía un éxtasis.

- Los zapatos, mamá, eso es lo que le hace falta. Mientras no tenga zapatos, ni María ni yo (María era su hermana) podremos jugar con él - dijo el niño.

Y esto era lo que le interesaba sobre todo: jugar con el ángel. A María, que acababa de llegar también de la escuela, y que no se hartaba de contemplar al visitante, lo que le interesaba más eran las plumas; aquellas plumas gigantescas, nunca vistas, de ave del Paraíso, de quetzal heráldico..., de quimera, que cubrían las alas del ángel. Tanto, que no pudo contenerse, y acercándose al celeste herido, sinuosa y zalamera, cuchicheóle estas palabras:

- Di, ¿te dolería que te arrancase yo una pluma? La deseo para mi sombrero... - Niña - exclamó la madre, indignada, aunque no comprendía del todo aquel lenguaje. Pero el ángel, con la más bella de sus sonrisas, le respondió extendiendo el ala sana: - ¿Cuál te gusta? - Esta tornasolada... - ¡Pues tómala! Y se la arrancó resuelto, con movimiento lleno de gracia, extendiéndola a su nueva amiga, quien se puso a contemplarla embelesada.

No hubo manera de que ningún calzado le viniese al ángel. Tenía el pie muy chico, y alargado en una forma deliciosamente aristocrática, incapaz de adaptarse a las botas americanas (únicas que había en el pueblo), las cuales le hacían un daño tremendo, de suerte que claudicaba peor que descalzo.

La niña fue quien sugirió, al fin, la buena idea: - Que le traigan - dijo- unas sandalias. Yo he visto a San Rafael con ellas, en las estampas en que lo pintan de viaje, con el joven Tobías, y no parecen molestarle en lo más mínimo.

El ángel dijo que, en efecto, algunos de sus compañeros las usaban para viajar por la tierra; pero que eran de un material finísimo, más rico que el oro, y estaban cuajadas de piedras preciosas. San Crispín, el bueno de San Crispín, fabricábalas.

- Pues aquí - observó la niña- tendrás que contentarte con unas menos lujosas, y déjate de santos si las en- cuentras.

Por fin, el ángel, calzado con sus sandalias y bastante restablecido de su mal, pudo ir y venir por toda la casa. Era adorable escena verle jugar con los niños. Parecía un gran pájaro azul, con algo de mujer y mucho de paloma, y hasta en lo zurdo de su andar había gracia y señorío.

Podía ya mover el ala enferma, y abría y cerraba las dos con movimientos suaves y con un gran rumor de seda, abanicando a sus amigos.

Cantaba de un modo admirable, y refería a sus dos oyentes historias más bellas que todas las inventadas por los hijos de los hombres.

No se enfadaba jamás. Sonreía casi siempre, y de cuando en cuando se ponía triste.

Y su faz, que era muy bella cuando sonreía, era incomparablemente más bella cuando se ponía pensativa y melancólica, porque adquiría una expresión nueva que jamás tuvieron los rostros de los ángeles y que tuvo siempre la faz del Nazareno, a quien, según la tradición, "nunca se le vio reír y sí se le vio muchas veces llorar".

Esta expresión de tristeza augusta fue, quizá, lo único que se llevó el ángel de su paso por la tierra...

¿Cuántos días transcurrieron así? Los niños no hubieran podido contarlos; la sociedad con los ángeles, la familiaridad con el Ensueño, tienen el don de elevarnos a planos superiores, donde nos sustraemos a las leyes del tiempo.

El ángel, enteramente bueno ya, podía volar, y en sus juegos maravillaba a los niños, lanzándose al espacio con una majestad suprema; cortaba para ellos la fruta de los más altos árboles, y, a veces, los cogía a los dos en sus brazos y volaba de esta suerte.

Tales vuelos, que constituían el deleite mayor para los chicos, alarmaban profundamente a la madre. - No vayáis a dejarlos caer por inadvertencia, señor Ángel - gritábale la buena mujer- . Os confieso que no me gustan juegos tan peligrosos...

Pero el ángel reía y reían los niños, y la madre acababa por reír también, al ver la agilidad y la fuerza con que aquél los cogía en sus brazos, y la dulzura infinita con que los depositaba sobre el césped del jardín... ¡Se hubiera dicho que hacía su aprendizaje de Ángel Custodio!

- Sois muy fuerte, señor Ángel - decía la madre, llena de pasmo. Y el ángel, con cierta inocente suficiencia infantil, respondía: - Tan fuerte, que podría zafar de su órbita a una estrella.

Una tarde, los niños encontraron al ángel sentado en un poyo de piedra, cerca del muro del huerto, en actitud de tristeza más honda que cuando estaba enfermo.

- ¿Qué tienes? - le preguntaron al unísono. - Tengo - respondió- que ya estoy bueno; que no hay ya pretexto para que permanezca con vosotros...; ¡que me llaman de allá arriba, y que es fuerza que me vaya!

- ¿Que te vayas? ¡Eso, nunca! - replicó la niña. - ¿Y qué he de hacer si me llaman?... - Pues no ir... - ¡Imposible! Hubo una larga pausa llena de angustia. Los niños y el ángel lloraban. De pronto, la chica, más fértil en expedientes, como mujer, dijo: - Hay un medio de que no nos separemos... - ¿Cuál? - preguntó el ángel, ansioso. - Que nos lleves contigo. - ¡Muy bien! - afirmó el niño palmeteando. Y con divino aturdimiento, los tres pusiéronse a bailar como unos locos. Pasados, empero, estos transportes, la niña quedóse pensativa, y murmuró: - Pero ¿y nuestra madre? - ¡Eso es! - corroboró el ángel- ; ¿y vuestra madre? - Nuestra madre - sugirió el niño- no sabrá nada... Nos iremos sin decírselo... y cuando esté triste, vendremos a consolarla.

- Mejor sería llevarla con nosotros - dijo la niña. - ¡Me parece bien! - afirmó el ángel- . Yo volveré por ella. - ¡Magnífico! - ¿Estáis, pues, resueltos? - Resueltos estamos. Caía la tarde fantásticamente, entre niágaras de oro.

Un Cuento Que No Lo Es

Alberto Leduc

Eh, Peter!, dos aperitivos. -Luis, ¿te acuerdas de aquella morenita de ojos claros que veíamos pasar desde los balcones de la Compañía, aquella que iba a ofrecer flores al Colegio de Niñas en mayo del 84?

-¿Lucía Reyes? Vaya si me acuerdo, la que rehusó todas mis cartas, la que se ocultaba de mí siempre que me miraba.

-Tan guapita que se vestía de alma gloriosa. -Sí, de blanco con su listón azul al cuello. Y ¿a qué viene que me hables de ella, no sabes que fui de sus desdeñados?

-¡Precisamente! ¿No la volviste a ver? -Sí; parece que después murió la madre; que Lucía se quedó muy pobre y que cosía munición, y que por fin se la sacó de su casa un militar.

-Vaya... ¿y tú? -Pues yo... -¿No fuiste constante? -Sí; pero nunca le gusté. -¿Y últimamente? -Hace cerca de un año que no la veo. -Pues yo la vi ayer. -¿En dónde? -Figúrate que anoche salí muy tarde de una visita, en donde se habló mucho y se practicó algo de espiritismo...

-¿Me vas a hablar de Alian Kardec o de Lucía Reyes? -Si me interrumpes no te digo adonde la vi. -Pero si me vas a hablar de médiums y de espíritus, bebo mi aperitivo y me despido... o me permites que bostece.

-Salí de la visita, sediento y profundamente preocupado con la vida futura y las facultades mediúnicas. Comprendí que no dormiría si no procuraba fatigar mi cuerpo, y me eché a andar sin rumbo. A la media noche pasaba junto al negro muro del Colegio de las Vizcaínas, y al encontrarme solo en la oscuridad profunda que hacía más negra la sombra de la pared del convento, sentí un pánico horrible. Me imaginé lo sorprendente, lo pavoroso que debe ser para el espíritu (si existe) esa transición de este mundo, al misterioso y desconocido de las sombras...

-¿Y qué tiene que ver Lucía Reyes con tus terrores y con el otro mundo? -Ya verás. Seguí andando muy de prisa hasta llegar a la Alameda, y allí cada hoja que el viento arrastraba, me parecía un alma de desencarnado que necesitaba comunicarse conmigo. Pero cuando sudé glacial, y se me erizaron los cabellos, y me puse chinito, fue al mirar una forma blanca que parecía flotar a diez o doce pasos de mí. Me creí médium vidente, me puse a temblar, y te hubiera cedido con muchísimo gusto mi facultad de videncia.

-¿Y Lucía? -Ya verás. Recobré mi serenidad, y me acerqué al fantasma blanco que no flotaba, sino tambaleaba, que no era espíritu desencarnado, sino una prostituta ebria que olía a patchouly mezclado con alcohol. No pude menos que echarme a reír de mi pavor y entonces ella levantó la cara y me miró de frente. Y a mi terror y mi miedo, siguió una compasión profunda, una tristeza infinita y amarguísima. ¿Sabes quién era el fantasma?

-¿Lucía Reyes? -Lucía Reyes, ebria como un inválido, y chorreando sangre de una herida que acababa de hacerse en la frente contra un poste. La tomé de un brazo y la acerqué debajo de un farol; no me había equivocado, no; era ella, la reconocí en sus ojos transparentes y claros, en sus pupilas de color indefinible, en aquella manera de mirar que te enloquecía en el mes de mayo del 84, cuando bajaba las gradas del altar, después de ofrecer flores.

-¿Y qué hiciste? -La seguí arrastrando, casi, hasta la fuente que está frente a la pajarera, y allí le lavé la herida, la vendé con los jirones de mi pañuelo... y me pareció que la Canéfora de Sauvageau se reía de mi caridad cristiana.

-Si hubiera sido un borrachito herido, no le hubieras vendado la frente. -Claro... La llevé a una banca. ¿Te llamas Lucía?, le pregunté. Lucía Reyes, me contestó.

Y... ¿qué quieres? A pesar de tener la frente herida le besé los ojos, sus pupilas claras que imploraban a la Virgen María hace siete años, sus párpados que anoche cerraba pesadamente el alcohol. Después la dejé en la banca y me alejé febrilmente antes que despertara el velador y la viera herida, y me llevara a dar declaración.

-¿Y no supiste adonde vive? -No, me eché a andar precipitadamente, nervioso, febril y sediento, buscando alguna cantina que estuviera abierta, para calmar mi sed. Cuando pasé por San Francisco, las campanas de la Esmeralda sonaban las dos de la noche; y al oírlas, me pareció que tocaban a muerto por la morena de ojos claros. Que tocaban a muerto por la Lucía Reyes que ofrecía flores en el Colegio de Niñas, el Mes de María del año 84...

-¡Peter! Otros dos aperitivos.

Día Brumoso (Monólogo Triste)

Bernardo Couto Castillo

Los primeros rayos de luz que filtrándose por las persianas y formando anchas líneas luminosos sobre la alfombra, hacen abrir mis ojos, vienen a sacarme de negros sueños, llenos de soledad y de mudas angustias.

Me levanto con pereza, con disgusto, temiendo encontrar después de las soñolientas tristezas de la noche, la ironía de un esplendor de cielo, donde abunden los colores y donde fulgure el oro fundido, la sonriente alegría de los campos, la magnificencia en todo cuanto rodea mi decaimiento y mi miseria.

¡Pero no! El día ha amanecido brumoso, los campos están húmedos y despiden olor de playa, las mieses se han inclinado abatidas, el cielo se ha velado con oscuridades vaporosas, la carretera ha quedado vacía, lodosa, negra.

Y este día será menos desgraciado y pesará menos sobre mí, puesto que responde a mi estado de alma:

Il pleura dans mon coeur Comme'il plent sur la ville; Quelle est cette langueur Qui penetre com coeur?

Largo rato quedo apoyado sobre el alféizar, regocijándome en el duelo que envuelve lo que ante mí se extiende. Yo quisiera la destrucción universal, la vuelta a la nada. ¿Para qué los claros días calentados por los soles de oro? ¿Para qué la abundancia de la vida y la proclamación de la alegría? ¿Para qué la brillante cinta de la carretera, sonde resuena la galopante canción del látigo y dan sombra los árboles? ¿A qué todo esto, su mis paso no irán ya acompañados de otros pasos ni será compartida la sombra? Todo puede acabar, todo hundirse, como mi felicidad y mi alma se han hundido. En mí hay destrucción, sólo siento ruinas en mi interior y sólo ruinas quisiera ver a mí alrededor.

Los lejanos montes, tenues, ligeramente azulados, me atormentan. Ellos inspiran ideas de libertad, hablan de campos amplios y de dilatados horizontes. ¡Ideas de libertad, sí, de la libertad que ella ha recobrado!

Decididamente esto me hace mal y me retiro. ¡Lluvia, cae! Forma montes de lodo; vélate, naturaleza, que mi alma harto velada está.

Pero qué cosa más insoportable que la casa vacía; lo primero el lecho ancho, hecho para dos, le lecho hasta el que, todavía ayer, llegaba un dorado rayo a despertarme. Yo despertaba y la veía dormir, queriendo adivinar quiénes, o quién, vagaban en el sueño que daba una sonrisa a sus labios, húmedos todavía de los besos a cuyo calor durmiera.

Luego un sinnúmero de objetos, el canapé donde se recostaba, apoyando en mis piernas su cabeza de pájaro travieso que mis dedos peinaban, una flor por ella regada diariamente, un lazo caído, un cajón entreabierto, un zapatito charolado de alto tacón, y viudo de lindo pie a quien albergara.

Y la casa toda es inmensa; antes estaba llena de la música de su risa y del aleteo de su bata; los pisos crujían a su paso retozón, los espejos reflejaban la blancura de sus dientes, lo sabroso de su sonrisa... Hoy sólo reflejan un rostro pálido y huraño, que vaga de estancia en estancia cono un alma en pena.

Salgo al campo, es mejor; mis pies doblegan la hierba húmeda, se ensucian, se hunden en el lodo; la lluvia va cubriendo el paño de mis ropas, y de cuando en cuando alzo el rostro para recibir su frescura; ¡frescura!, ¡cómo puede haberla en mi rostro cuando mi cerebro arde y mi alma está árida y seca!

A cada paso un recuerdo. Ahí, bajo ese árbol inclinado como para volver a la tierra de donde brotara, recibí un beso, allá una caricia, por todos lados algo me hablaba y me dice: "¡necio, qué haces solo, para qué vives, si lo único hermoso en tu vida era ella!"

Y así camino, camino muchas horas, bajo la lluvia, sobre la hierba mojada, sobre el lodo; la mirada perezosa y desconfiada de las vacas me atrae, los montes, extendiéndose, claman ¡libertad, libertas!, el lindo pájaro a quien encerrabas, ha recobrado su libertad.

¡Crueles!, reís de mí, de mi voz, de mi dolor; las hojas y las bestias ríen de mí de mi triste aspecto de huraña alma en pena.

Y con ansia espero la noche, con ansia y con temor, la obsesión de sus bellos brazos hechos para estrechar, de sus húmedos labios hechos para halagar, me persigue en las sombras de la alcoba, como aquí me persiguen los recuerdos. Mi lecho estará frío como un sudario y en vano querré enlazarla y en vano clamaré.

Con ansia espero la noche, será una noche de ajenjo, ella brotará de la copa, sonreirá como sabe hacerlo; las gotas al caer al fondo y fundirse en ámbar, producirán ruido parecido al de besos; pero después... después, de nuevo la soledad, la ironía de los días luminosos y radiantes, la negrura y la tristeza de los brumosos.

Y ni los días brillantes, no los lluviosos, ni las noches de ajenjo, traerán la calma, [¡] ni poblarán mi soledad!

Guitarras y Fusiles

Carlos Díaz Dufoo

Sobre la cubierta del fatigado *steamer*, una oleada de juventud, una alegre oleada de vida, se arremolina en tumulto, mecida rítmicamente por el vaivén de las aguas. La inquieta caravana ha partido, en un vuelo heroico, dejando tras de sí, en las tenues lejanías del océano, sus buenos días felices, la gallarda cruz de la parroquia, las paraderas color de esmeralda, los montes azules, los blancos cabellos de la madre y las morenas guedejas de la enamorada. Todo quedó atrás, todo se lo tragó aquel monstruo: rubias tardes serenas, pálidas noches estivales, acres alientos de los bosques, vivas impresiones de la *tierruca*, enlazadas como lianas al espíritu, eco de bandurrias y, y besos voraces estallando a través de las rejas. ¡Ay , madrecita mía! ¡Cómo devoró el mar aquella presa! Allá va la estela del navío, disolviéndose en la movible superficie, allá va su alma mientras la enorme bocaza arroja borbotones de humo negro que culebrean en el aire, para desvanecerse en el ala diáfana de los cielos. Y el *quinto*, asomado a la barandilla del buque ve pasar sus recuerdos con las olas; aquella grande, inmensa,, se le representa su montaña, la altiva, la osada, la que le quitaba un pedazo de horizonte; la otra, coronada de copos de espuma, los almendros en flor de la huerta; ésta, lenta, ondulada, remeda un campo de trigales, cuando todavía el sol no ha dorado las espigas. ¡Y cuántas lágrimas! ¡Cuántos sollozos en el cortejo! ¡Adiós! ¡Adiós!, gritan a los que se quedan. ¡Adiós! ¡Adiós! a los que el buque deja detrás de sí. Y el pobre mozo siente que se le cierra la garganta y su mano convulsa oprime el único amor que le resta de sus amores perdidos, la sola compañera de sus tristezas, la que le habla de la gallarda veleta de su parroquia, e sus praderas color de esmeralda, de sus montes azules, de los blancos cabellos de su madre, y de las morenas guedejas de la enamorada: la guitarra.

Y el mísero hace vibrar las cuerdas del instrumento y su copla doliente y huérfana -huérfana como él, doliente como su espíritu- parece que le une por invisible reguero a los amados ausentes, a los que tal vez ya no volverá a ver en el mundo; a los que abandonó una tarde de primavera, cuando su novia le pedía rosas frescas para su cabello y las huertas se las brindaban a millares. Y el mozo canta alegremente, deja ir su alma en la sonora estrofa que la hélice acompaña con sus chirridos siniestros.

Una vez *allá*, en la tierra enemiga, en donde el suelo vomita fuego, y el sol introduce en las carnes sus rayos bermejos, le arrancarán la guitarra de las manos y le pondrán en ellas un fusil. le dirán cómo se esgrime el arma, le enseñarán a matar, le harán que ame la sangre y herirá y matará, sin saber si estos a quien hiera y mate tienen como él una madre, y un monte azul y una enamorada que los espera. ¿Qué sabe él? Le dijeron un día que hay un jirón lejano de patria, separada por aquel monstruo de movibles escamas; que era preciso defender aquel pedazo de tierra, y allá va el buen mozo, dispuesto a hacer el sacrificio de su vida, alegremente, valerosamente, mientras el mar lo devora todo y la negra bocaza arroja negros borbotones de humo.

¿Y por qué no? Acaso vuelva un día, como él ha visto que han vuelto otros. ¡Ay!, la tez amarillenta, las piernas vacilantes, las manos descarnadas, los ojos fríos y como sin mirada, los pómulos hundidos, el cuerpo encorvado; acaso lisiado ... llegará, sí, arrastrándose con su licencia terciada a la cintura, en una bella tarde de primavera, en que los almendros estén en flor en las huertas y los prados brinden sus rosas ... Y así, paso a paso, verá destacarse la gallarda velera de su parroquia y sus montes azules ... pero al preguntar por la cabeza de cabellos blancos, lo llevarán a una cruz que extiende sus brazos en el cementerio, y al buscar aquellas morenas guedejas para las que hizo una diadema de flores frescas, se encontrará con un buen hogar en el que resplandecen unas cabecitas rubias que un hombre fuerte y joven oprime con sus nervudos brazos, y una mujer que contempla en éxtasis aquel cuadro.

Y entonces, en el silencio de la tarde, surgirá una copla doliente y huérfana -huérfana como él, doliente como su espíritu- y el pespunteo de una guitarra -que parecerá decir: ¡adiós ¡adiós!- ¡Adiós!, ¡únicos amores de mi vida! ¡Ay, madrecita de mi alma! ... ¡Adiós!, ¡adiós! ...

El Extranjero Desconocido

Efrén Rebolledo

Ora alardeen los cerezos de sus frondas encarnadinas; ora agiten las cigarras sus panderos jocundos; ya se tiñan los arces de tonos de cinabrio; ya caigan los copos de la nieve imitando plumas de celestes cigüeñas, he visto al extranjero desconocido en las calles pobladas de abigarrados *kimonos* y alegres caras de niños.

¡Oh la chiquillería regocijada de Tokio! ¡Labios sonrientes de los *akampos*[1]! ¡Carreras bulliciosas de los *kodomos*[2]! ¡Menudos andares de las *Oyo Sama*[3] de *guetas*[4] rojas guarnecidas de cascabeles!

Demasiado pobres para poseer patios donde entregarse a sus inocentes esparcimientos porque descienden de mezquinos artesanos y sórdidos Comerciantes, los niños japoneses son reyes del arroyo.

Mientras la turba infantil se enseñorea de las calles, los padres trabajan en las minúsculas tiendas sin cuidarse de sus hijos, que tienen un ayo celoso en el gendarme y un solícito guardián en cada transeúnte.

Mucho debe amar a los niños el extraño extranjero, porque lo he encontrado siempre en medio de sus alegres corrillos.

Marcha descalzo y destocado, tiene de oro así el pelo como la barba, y por su aspecto revela haber recorrido la mitad del camino de la vida.

Con la dulce mirada de sus ojos cerúleos y la inefable sonrisa de sus labios, frescos como los cerezos, acompaña a los niños en todas sus algazaras. Está con ellos en el Año Nuevo, cuando ataviados con sus *kimonos* de gala golpean el volante de pluma de gallo con la raqueta que ostenta en el dorso los retratos de afamados actores; en la primavera,

---

1 Bebés

2 Niños

3 Niñas

4 Calzado de madera

cuando empinan en el aire azul sus cometas zumbantes y multicolores, decorados con aves o caracteres chinos; en el verano, cuando esgrimiendo las flexibles pértigas tintadas de liga, corren en pos de las cigarras músicas y de las esmaltada libélulas; en el otoño, cuando se solazan bailando sus peonzas cantoras, y en el invierno, cuando marchan encaramados en sus zancos de bambú o esculpen enormes Darmas de nieve.

Además de suporte extraordinario, la frecuencia conque lo encuentro me obliga a fraguar conjeturas sobre el misterioso extranjero, sobre su nacionalidad, sobre su vida. A juzgar por su traje no es un diplomático, y no es tampoco un viajero porque lo he visto hace muchos años. ¿Es profesor de un idioma exótico en la Escuela de Lenguas Extranjeras? ¿Es un pope ruso, un padre francés o un misionero sajón?

Un día en que lo observó de muy cerca tuve indicios de su identidad, porque mostraba en la frente marcas de sangrientas punturas y despedía suave perfume de nardo que no podía provenir sino de sus pies, de albor milagroso.

Al fin una helada mañana de diciembre, en que como siempre, se paseaba descalzo y destocado en medio de los hijos de los *etas*[5], acariciando con sus cándidas manos cabecita hirsutas y cuerpecitos astrosos, depuse la última duda que abrigaba sobre su persona, y me descubrí con veneración ante él dulce y hermoso extranjero cuya es la frase: “Dejad que los niños se acerquen a mí.”

---

5 Parias

Marina

Justo Sierra Méndez

A Emilio Gutiérrez Estrada

Dejad un momento, ¡oh! mis lectoras mexicanas, vuestro primoroso valle, vuestras pintadas montañas, vuestro cielo color de lapislázuli y esas lagunas, grandes gotas de agua que el mar al retirarse de las alturas dejó como un recuerdo en la Mesa Central, y veníos en mi compañía: mientras miráis el mar yo os contaré una historieta.

En la costa sudoccidental del estado de Campeche, a corta distancia de la capital, existe un pueblecillo todo lleno de aromas, de pájaros y de flores. En él recogí esta leyenda; me la contaron en la hora del flujo vespertino, al misterioso rumor de la marea y en el intervalo que hay entre la puesta del sol, uniendo en un solo incendio el espacio y la bahía, y la aparición tranquila de la estrella del mar.

Los días estivales son, en mi país natal, ardientes y luminosos por extremo. No bien aparece el sol tras las cercanas colinas, cuando ya es grata la sombra del roble marino y el vaivén refrescador de las hamacas. Excuso deciros cuán dulce es la respiración de las olas, qué perfumado y tibio el viento, qué risueñas las flores; modelos puestos allí por la mano divina que el hombre no acertará a copiar jamás.

Entre aquella armonía, inmergidas en ese ambiente, rodeadas de una vegetación tan brillante, tan verde, que parece tallada en esmeraldas, se miran algunas casitas semejantes a grandes nidos de gaviotas. Algunas de ellas alargan coquetas un pequeño muelle en la ensenada, como queriendo mojar en ella la punta del ala. En derredor de estas graciosas habitaciones, sombreadas por grupos de cocoteros, desborda por las albarradas en elegantes espirales el San Diego, entre cuyas volutas caprichosas cuelgan los racimos de flores de coral pálido. Al abrigo del muelle crecen las rosas a veces, y los grandes lirios morados y los jazmines, todo con una exuberancia lasciva, con una fuerza de vida que embriaga. Aquí y allá, sobre rocas, en las raquetas del nopal endereza su estuche de espinas la tuna roja. Pasan por encima de ese albergue de delicias las brisas marinas; las algas dibujan con su negruzca y movible curva la ondulación de la playa, y las olas charlan sin cesar plegando y desplegando su sábana líquida ribeteada de encaje.

Allí la vida es dichosa. Figuraos todo ese color, toda esa luz, todo ese aroma encarnados en una muchacha de dieciséis años... Marina, hija de aquella playa, había visto a su padre enriquecerse con su trabajo. ¡Cuántas veces las lanchas del viejo pescador la habían columpiado, y como si sintieran alegres el peso del cuerpo de la niña, como el corcel que siente una caricia, habían partido por la bahía tendiendo sus alas de lino, llevando ella el timón y los bogas inmóviles sobre las cañas de sus remos!

Era la playera esbelta como la palma del coco; su cabello se confundía con las cuentas de azabache de su gargantilla; en sus ojos parecía espejear la ola de zafiro de los mares primaverales y parecía su boca una de esas conchas perleras cuyos bordes húmedos y rojos entreabre el buzo para vislumbrar su tesoro. Su tez dorada por el terral era más suave que la seda de su pañoleta, bajo la cual se dibujaban dos pequeños nidos de chuparrosa.

¿Por qué era melancólica aquella hija de la costa? Así son todas, así es el mar. Y luego sorprende siempre y siempre hace soñar. Verlo es casi ver el cielo; pero un cielo tangible que se puede acariciar. Marina era la más melancólica, la más soñadora muchacha de aquellas playas: era triste.

Aquí empieza el poema, un poema de amor: nada. Unas cuantas estrofas; nada, las mismas de siempre; el eterno tema de la retórica, la eterna verdad de la juventud; nada. Dejadme bordarlo, ya que no con rimas, con dulces y lánguidos circunloquios, con frases cargadas con el viejo e inmortal polvo de oro de la poesía.

Largo rato hace que contempla el horizonte del mar. Surge de improviso, viniendo del rumbo del puerto una mancha blanca; blanca como una garza, así vuela; en su vela, en su ala blanca se refleja el sol naciente. Era una barquilla; venía presurosa empujada por el aliento de la mañana; crecía como una fantasmagoría óptica. Saltó a tierra un mancebo, el gentil, el rubio que había visto Marina en las fiestas de San Román - donde se venera el Cristo Negro que cuida de los marineros- , el hijo del antiguo capitán de su padre; iba a casarse con ella: él lo decía. Entró en la casa de su amada; se sentaron en el borde de un arriate que era como búcaro de jazmines blancos... Esos jazmines, y las rosas, y los lirios, todos esos cómplices eternos de los pecados del trópico, supieron lo demás. Una hora después el rumor apasionado de un beso se confundía con el rumor de las olas. Marina volvió sola a su casa, sola.

Pasó el tiempo; Marina esperaba; nadie venía, nada más que sus lágrimas. La triste está enamorada, decían sus vecinas; unas lo sabían todo; las más lo adivinaban: las mujeres no se equivocan nunca cuando de esta enfermedad se trata. Por eso Ramón, el piloto de la *Rafaela*, buen marino y mejor muchacho, prescindió de pedir la mano de la playerita. Mucho la amaba; todo es grande en torno del océano.

Marina cantaba estos versos compuestos por un poeta de aquellos rumbos de la costa:

Soy marina, la flor de la playa,
son mis labios de miel y coral.
Pescadores, tended blancas guirnaldas de flores
onde pase el cortejo nupcial.
oy la concha de nácar;
la brisa me columpia con manso vaivén.
Marinero, marinero del alma, te espero;
no me dejes llorar: ¡oh, ven, ven!...

"Ven, ven", repetía balbuceando la ola, como el pájaro a quien se enseña un canto. Marina, a su vez, repetía sorprendida el ritomelo y se alejaba cantando:

Marinero del alma, ven... ven...

"Ven", sollozaba el mar a lo lejos... Huyeron los días, los meses. La playera tenía el color apenado de la "flor de cera". El viejo padre de Marina miraba a hurtadillas los ojos extraviados de su hija y meneaba la cabeza... Recordaba la historia de ésta y de aquélla... y de la hija de su compadre, y temblaba repasando las novelas realistas e inescritas de su juventud...

Marina estaba en el muelle, como de costumbre. Dio un grito de repente, se incorporó; una vela blanca venía del puerto: la barca atracó al muelle... Las flores, las cómplices encantadoras de todo amor, saben lo demás... Las olas vieron la despedida, oyeron el beso en el pie desnudo de la joven, y un adiós desesperado... Ellas lo repitieron en su perpetuo sollozo... Adiós... Marina las vio con ojos enloquecidos, pero sin llorar. La barca se perdió en el horizonte y ella se acostó en la arena como si hubiera muerto. Jugaba la ola con su saya, avanzaba, a veces, hasta las puntas de sus trenzas salpicándolas de cuentas de cristal...

Así la encontró su padre. Pocas horas después la fiebre, con una lujuria infernal, quemaba entre sus brazos de fuego a la pobre Marina... Deliró; el viejo lo supo todo. Habló con el padre del seductor, su capitán antiguo.

- Todo está remediado - le contestó- : he enviado a mi hijo a Barcelona, para que no siguiera inquietando a tu hija. En muchos años no volverá.

Éste no era un remedio, bien lo sabía el padre de Marina; porque novelas así suelen ser frecuentes en la costa: esa muchacha de su tiempo, y aquélla, y la hija de... Pero ninguna era como Marina; Marina era otra cosa, Marina sentía de un modo extraño; cantaba, lloraba, soñaba, hubiera dicho, si hubiera sabido decirlo el viejo. Si, Marina era otra cosa; claro, era su hija.

El pobre hizo sus confidencias a Ramón, al piloto, al enamorado de Marina... Lloraron juntos, de ira el uno, de desesperación el otro; de dolor los dos...

Marina se salvó: ya estaba buena el día que Ramón, enjugadas las lágrimas, entró al cuarto de la muchacha que, en el vetusto sillón de cuero de su padre, estaba sentada junto a la ventana, por primera vez abierta. Y le dijo:

- Marina, lo sé todo. - Ella lo miró, no con sorpresa, sino con infinita dulzura. - Oye - continuó el piloto- , pocos del pueblo conocen tu desgracia; emigraremos sin embargo: tu padre así lo ha resuelto; yo soy honrado y mi nombre lo es: ¿lo quieres? Serás mí esposa para todos, pero...

Y se acercó al oído de la niña y murmuró en secreto quién sabe qué frases. Ambos lloraron; de admiración, de gratitud ella; el pobre Ramón de dolor.

Poco tiempo después, la brisa salubre de la costa había completado la curación. El día de la boda, Ramón suplicó de rodillas a su novia que colocase en su cabeza el velo virginal de las desposadas. Marina se arrodilló largo tiempo delante de la imagen de la Virgen, que había heredado de su madre, y después, pálida pero serena, aceptó. Concluida la ceremonia, hubo comida y baile y grande algazara en la casa de Marina.

Caía la tarde; Marina bajó del muellecito a la playa. El mar parecía un zafiro inmenso engastado en un relicario de oro. Fulgorosos encajes de fuego flotaban en el cielo sobre jirones de amaranto. Bandadas de nubecillas se esparcían por doquiera: pétalos de flores arrancados de aquel gigantesco ramillete por la brisa. A veces parecían discos de oro girando sobre un tapiz de púrpura; otras parecían vapor de sangre; allá a lo lejos vagaban algunas, pálidas e intangibles como los fantasmas de las baladas alemanas. Campeche, por su situación en la costa, ve ponerse el sol en el mar; ve la hora en que el sol, al recostarse en su lecho tropical, cambia con la tierra una mirada sublime que estremece a la creación.

Marina, distraída, se acercó a la playa, mientras adentro cantaban las muchachas, con un aire de danza cubana, una canción de un poeta de aquellas costas:

Baje a la playa,
mi dulce niña;
perlas hermosas le buscaré,
mientras el agua durmiendo ciña
con sus cristales su blanco pie.

Marina descalzó sus pies de las zapatillas de raso blanco, como lo hacía frecuentemente; los desnudó de la calada media y empezó a jugar con la ola que salpicaba su falda de linón un tanto recogida.

Estaba bellísima; un sentimiento impregnado de místicas aspiraciones al cielo comunicaba a su fisonomía encantadora no sé qué fulgor ideal. Parecía arropada en uno de los últimos destellos del día. Sus formas conservaban su voluptuosa morbidez; pero era esa morbidez mística que nos arrodilla ante las vírgenes de Murillo. Su mirada erró un momento por el horizonte; luego se fijó magnética, poderosa, por el rumbo del puerto.

Y vio la niña a lo lejos, muy a lo lejos, una garza blanca que se tornó luego en una barquilla, que se dirigió a ella a toda vela. Saltó a tierra un mancebo; el gentil, el rubio que por primera vez vio Marina en las fiestas del Cristo Negro de San Román, y Marina le tendió los brazos cantando:

Marinero marinero del alma, te espero;
no me dejes llorando: ven, ven...

"Ven", repetían las olas, como el pájaro a quien se enseña un canto... Y las muchachas terminaban en derredor de Ramón, allá dentro, la canción del poeta costeño:

La dulce niña bajó temblando,
bañó en el agua su blanco pie...

Entonces Marina sintió sobre sus pies desnudos un ardiente y húmedo beso... Y la barca se iba, se alejaba, huía... Y el viento y las olas balbuceaban un adiós lúgubre, como el último adiós. Marina siguió a la barca; entró en el mar, se acercó, se acercó a su amante... Llegó a él, sintió en derredor de su cintura unos brazos suavísimos, aspiró un aliento caliente y aromado, entreabrió los labios y sintió en la boca el beso amargo de la ola, que cubriéndola con un movimiento apasionado, tendió sobre ella su inmenso sudario de cristal y fue a besar la playa murmurando el eco del canto de Marina. Corrió Ramón a la orilla, corrieron las muchachas; sólo hallaron el velo de la desposada flotando sobre las olas.

Todos los años hace el mar en el mismo sitio un ligero remolino y parece entonces que flota sobre él un instante el velo de Marina con su encaje de espuma. "Ven, ven", repite la ola. Esto dicen, por lo menos, las playeras enamoradas que en ese día cuidan de no acercarse mucho a la playa, sobre todo en el momento que transcurre entre la puesta del sol incendiando el firmamento y la aparición divina de la estrella de los mares.

Mi Inglés

Manuel Gutiérrez Nájera

M*ilord* Pembroke, mi amigo, es, a pesar de su flema inglesa y sus cuarenta navidades, un *gentleman* legítimo. Alto y robusto corno un Milón de Crotona fundido en bronce de Inglaterra, impasible y severo como la estatua del remordimiento, pudiera a las mil maravillas colocarse en un museo de antigüedades egipcias, a no ser por los mechones rubios que interrumpen la tersura de su brillante calva, digna de un dramaturgo francés del año treinta.[4] Milord Pembroke es rico: dos milloncejos, bien saneados, forman su fortuna, y a fe que con sus rentas sabe darse Milord vida de príncipe. Un día el flemático inglés sintió los primeros asomos del *spleen*; cansóse de la rígida Albión y de sus costumbres invariables; vio feo y monótono aquel cielo eternamente envuelto por las nieblas y aun más ennegrecido todavía por el hollín y el humo de las fábricas; ya no quiso cruzar en su caballo árabe, admiración del *Jockey Club*, las avenidas; dormía como un lirón en su palco de teatro, sin que le conmoviesen las florituras de la Patti; las inglesas acartonadas y frías, de omóplatos salientes y huesosas manos, no le arrancaban ya ni la más vulgar galantería; y hastiado, en suma, de Londres y de los ingleses, de su palacio y de sus caballos, lió sus maletas; como buen inglés no dijo ni una frase de despedida a sus amigos íntimos, y sin otro compañero que su ayuda de cámara, ya viejo, y un soberbio perro de Noruega, calzó las botas de camino, cubrió su tersa calva con una montera de viaje, y llevando al lado un tarro de riquísimo *cognac,* favorecido por la niebla de una mañana fría y lluviosa, embaulóse en su cómodo *mail coach,* arropó sus gigantescos pies con las pieles más ricas y exquisitas, puso en sus manos los guantes de nutria indispensables, encendió su habano suculento, y dando al conductor la hora de marcha, silbó el látigo, sacudieron los caballos sus opulentas crines, y el coche partió a todo correr por la avenida.

Comienzan aquí las aventuras del *touriste* y extravagante inglés. Algunas me ha referido *sotto voce*, mientras el té humeaba en tazas de transparente porcelana. En París se enamoró de una discípula de la Taglioni. En Alemania estuvo a punto de batirse por sostener la prioridad del vino sobre la cerveza. En Italia iba a ser víctima de una *vendetta*[8] corsa. Cayó en las redes de un marido celoso en Portugal. En la India se salvó por accidente de las garras de un tigre que le había atrapado en cierta cacería, y en China estuvo a punto de casarse con una viuda malabar, renuente a morir en la hoguera por su esposo.

Todos estos azares, sin embargo, no alteraron en nada la envidiable calma de Milord. Con frescura igual refiere su lucha en el desierto con un tigre, y sus paseos nocturnos en Hyde Park. Cualquiera diría que el excéntrico Pembroke es un hombre formado de granito. Decidle: tu mujer te engaña, tu amigo te vende, tu apoderado te arruina, tu casa se incendia, tu fortuna se pierde, y él dirá, torciendo un cigarrillo: - Bueno- . Eso sí, al siguiente día la esposa estará emparedada, cuando menos; el amigo muerto, el administrador encarcelado, y Milord Pembroke tendido entre dos cirios con un revólver en la mano y un plomo en el pecho.

La primera vez que conocí al típico inglés, fue, si mal no recuerdo, en un corrillo en que se hablaba cierta noche de un asunto de crónica escandalosa. Una dama de alto coturno había traicionado vilmente a su marido, y éste, en un momento de ira, habíala herido, disparándole a quemarropa un tiro.

Defendían algunos al marido, y yo, por sostener lo contrario, afirmaba que el burlado esposo era un criminal infame merecedor, por lo menos, del grillete: Milord era el único que no había expresado su juicio en este asunto.

- ¿Qué opina Ud.? - le dijo alguno. - ¿Yo? Creo, como el señor, que el marido es un mandria. - Eso es - dije al momento- . Ud. da así una prueba de su ilustración y de su criterio. ¡Herir a una mujer indefensa! ¿Puede darse mayor crimen? ¡Oh! Ud. sí que es humanitario y grande y noble.

- Es que yo hubiera descuartizado al amante, a vista de la esposa, y después hubiera sacado a ésta los ojos en presencia de sus hijos.

Fácil es comprender lo estupefacto que me dejaría la tal respuesta. Tomé mi sombrero, y sin decir oste ni moste, huí a todo correr de aquel Nerón en traje de banquero.

Hubimos de hallarnos otra vez en un convite Milord Pembroke y mi humildísima persona. Hablóme largamente de sus viajes, me refirió del pe al pa sus aventuras, y estrechando poco a poco nuestras relaciones, llegó a ofrecerme con inglesa cortesía su casa. Yo sabía que Milord poseía una soberbia casa de recreo, amueblada con lujo sibarita; algunos caballos árabes, capaces de matar de envidia al fakir más opulento de Hyderabad; una jauría de perros que Alfonso Karr[9] habría mirado con deleite, y una mujer, andaluza por más señas, cuya belleza soberana traía sin querer a la memoria las hadas de los cuentos orientales.

Tengo para mí que esta última presea fue la que más fuertemente me impulsó a aceptar el amistoso convite de Pembroke. Ello es que en cierta mañana de noviembre oí detenerse una carroza a las puertas de mi casa; después pasos desconocidos para mí, en las escaleras; y por último, el consabido repique de la campanilla. Abrí la puerta de mi gabinete, salí, y lo primero que me encontré fueron las clásicas patillas de Pembroke. Hícele entrar, se arrellanó cómodamente en un sillón, y sin otro preámbulo, me dijo:

- Vengo por Ud. - Milord, Ud. me honra demasiado y yo se lo agradezco; pero sin previo aviso de esta invitación, había arreglado mis asuntos de otro modo.

- Nada importa. - Es que ni vestido estoy todavía. - Vístase Ud.; le aguardo. - Pero... - No admito excusas. Sin quererlo, pasóme por el magín la idea de las ferocidades de aquel hombre, temí enojarle; doblé obediente la cabeza; en un quítame allá esas pajas me puse el consabido traje de visita, arrojé la última gota de cananga[10] en el pañuelo, y más ligero que el aire, subí con Milord a la carroza, tiraron los caballos, atravesamos como relámpago las calles, y llegamos por fin a la casa de recreo de aquel excéntrico.

No habían exagerado, por mi vida, los que describían con colores robados a la paleta veneciana aquella casa situada en uno de los barrios más pintorescos de la ciudad. Yo de mí sé decir que hubo de causarme positiva envidia la extraña posesión de aquel mi extraño amigo.

Figuraos un vestíbulo amplio y bien dispuesto, con pavimento de exquisitos mármoles, y en cuyo centro derramaba perlas cristalinas un grifo colocado en una fuentecilla de alabastro. Pasad por alto los frescos y pinturas que adornan las paredes, y sin deteneros a examinar aquellas cornisas caladas con primor y gusto, entrad por esa calle de palmas acuáticas cuyas copas figuran gigantescos abanicos, al jardín en cuyo centro se alza el pabellón de las habitaciones. Convenid conmigo en que este *parterre* lindísimo es el *summum* de la belleza y la elegancia. Nada hay, ni el más pequeño detalle, que no revele la opulencia y el gusto de Pembroke. En aquel jardín se han reunido, por un esfuerzo poderoso del dinero, los árboles y plantas de más extraños climas y más remotas tierras. El cedro del Líbano y el cactus de la India se entrelazan y juntan a los perfumados bosquecillos de naranjos. El floripondio de alabastro y el nenúfar de flexible tallo crecen al lado de la camelia aristocrática y del plebeyo nardo. Las plantas más exóticas, más raras, más extrañas, vense amontonadas por un poder incontrastable: la riqueza.

Pasamos por fin a las habitaciones: dejando atrás un corredor que se abría sobre el jardín, sombreado por una hilera de orgullosos olmos, entramos a un pequeño gabinete que servía de salón de espera, y cuyos tapices, de un violeta obscuro, hacían resaltar más el valioso mueblaje de madera china, enteramente blanca. Parecía aquel saloncillo hecho a propósito para pasar en él las noches de estío. Los asientos de sillas y sillones estaban forrados de finísimo bejuco, y un surtidor de cristal, colgado sobre una mesa de irreparable mármol, lanzaba en espiral ondulante cascadas cristalinas que venían a caer después sobre la taza. Colgaban de las paredes algunos grabados representando escenas y paisajes suizos, y una lámpara de bomba deslustrada, pendiente del artesonado, debía iluminar con voluptuosa luz aquel recinto, que yo miraba a la espléndida luz del mediodía. Dos ventanas con vista al jardín, cubiertas en parte por ligeras cortinas del mismo color de los tapices, veíanse entre un bosquecillo artificial de plantas exóticas y rarísimas flores, rodeadas por un hilo luminoso que a través de los opacos cristales se filtraba. Las alfombras, de un fondo aperlado con matices de rosa, completaban el elegante adorno de aquel saloncillo.

Atravesamos otras muchas salas igualmente artísticas; pasamos al gabinete octógono en donde Milord Pembroke acostumbraba abismarse en la lectura; el salón chino con sus abigarrados tapices, sus jeroglíficos extraños y simbólicas figuras; la alcoba otomana con sus voluptuosos divanes, su lecho de columnas salomónicas y sus colgaduras de Damasco; el comedor indio con su estufa de cristal guardando plantas preciosísimas; el salón de armas con sus corazas y sus yelmos, sus adargas y sus lanzas, con sus trofeos de épocas diversas, desde Carlomagno a nuestros días; y sus trofeos de armas de fuego, desde el arcabuz rudimentario hasta el Chassepot y el fusil de aguja[11] de estos tiempos; dejamos atrás todos estos prodigios, todas estas maravillas y entramos por último a la galería de pinturas venecianas.

Fanático admirador de Italia, y especialmente de Venecia, el viejo poseedor de aquella casa había formado una envidiable colección de pinturas venecianas, gloria y deleite de Pembroke, su heredero. Vasta y solemne era aquella galería, alumbrada por ojivas ventanas artísticamente dispuestas para el mayor lucimiento de los cuadros.

¡Qué paisajes, qué grupos, qué figuras! En primer término y como presidiendo aquella aglomeración de obras maestras, veíase a Ticiano, el rey del colorido, aquel que tuvo por musa a una bacante y que ahogó su poesía, su sentimiento en la opulenta cabellera que caía como una lluvia de oro sobre la nívea espalda de su amada; a Giorgione, con la firmeza de sus líneas, la naturalidad y soltura de sus ropajes y el atrevimiento de sus toques; al Tintoretto, aquel que amaba el perfil de Miguel Ángel y el colorido de Ticiano; a Bassano el gráfico pintor del Arca de Noé; a Boschini con sus cuadros de guerras y matanzas; a Pietro Suzino, a Sebastián del Piombo y a Pablo el Veronés por último, el gran señor de la pintura, el artista por excelencia, el rey de los pintores venecianos. ¡Oh! allí la fantasía volaba como la mariposa, esa coqueta de la atmósfera, de los palacios moriscos de Giorgione a las Venus dormidas del Ticiano; veía a Violante[12] abrochándose el corsé frente a un espejo que los amores sostenían, y a los caballeros de sobrevestes y ropillas elegantes, murmurando los versos del Ariosto en la mesa opulenta de la orgía; Schiavone robando a Dios sus ángeles y edenizando la Naturaleza, y a Andrea Mantegna resucitando con su pincel y su paleta el cadáver yerto del pasado.

- ¿Qué tal mi galería? - dijo Pembroke, poniéndome la mano sobre el hombro e interrumpiendo así mi *rêverie* entusiasta.

- Digna de un museo de Europa. - Falta por ver lo mejor. Voy a presentarle a Ud. a mi esposa. Confieso que me dio un vuelco el corazón y que, bien a pesar mío, sentí rojo como unas granas mi semblante ¡Iba a tener ante mis ojos a la diosa de aquel mágico recinto! Siguiendo a Milord, atravesé aún otras no menos ricas galerías, museo de las mejores creaciones del cincel y la paleta; yo nada veía, nada escuchaba; sentía que mis pies se hundían en algodones, que mi cabeza giraba acometida de un vértigo terrible. Detúvose por fin Pembroke; puso la mano en el botón de porcelana de la puerta; se abrió ésta y...

- Señorito, señorito, el almuerzo. - ¿Eh? ¿Quién me detiene? ¿Quién me llama? - Soy yo, señor, Benito. - ¡Benito! Mi alcoba! ¡Mi mesa de noche...! ¡Yo en la cama! ¡Todo lo comprendo! ¡Ha sido un sueño! - ¡Señor, las diez y media! - ¡Que no te parta un rayo! - Pero señorito... Puse un pie en el suelo, bajé la mano para tomar una pantufla y ¡zas! la arrojé como un proyectil sobre Benito. - ¡Ay! - ¡Canario! ¡Haberme arrancado de este sueño! - El chocolate. - ¡Anda al diablo!

¡Cric! el plato se rompe, cae el pocillo y el espumoso líquido baña a mi importuno visitante. ¡Lástima! ¡Y no haber conocido a la hermosa mujer del soñado Pembroke! No, pues yo no me resigno; protesto contra este despertar malhadado, pongo un *continuará* en la almohada, y... hasta la noche.

Los Autores

AMADO NERVO (Tepic, en el Distrito Militar del mismo nombre desde 1867 hoy Nayarit; 27 de agosto de 1870-Montevideo, Uruguay; 24 de mayo de 1919), cuyo nombre completo era Amado Ruiz de Nervo Ordaz, fue un poeta y escritor mexicano, perteneciente al movimiento modernista. Poeta, autor también de novelas y ensayos, al que se encasilla habitualmente como modernista por su estilo y su época, clasificación frecuentemente matizada por incompatible con el misticismo y tristeza del poeta, sobre todo en sus últimas obras, acudiéndose entonces a combinaciones más complejas de palabras terminadas en "-ismo", que intenta reflejar sentimiento religioso y melancolía, progresivo abandono de artificios técnicos, incluso de la rima, y elegancia en ritmos y cadencias como atributos del estilo de Nervo. El sonoro nombre de Amado Nervo, frecuentemente tomado por seudónimo, era en realidad el que le habían dado al nacer, tras la decisión de su padre de simplificar su verdadero apellido, Ruiz de Nervo. Él mismo bromeó alguna vez sobre la influencia en su éxito de un nombre tan adecuado a un poeta.

ALBERTO LEDUC (Querétaro, 5 de diciembre de 1867 - México, D. F., 4 de octubre de 1908) fue un escritor, traductor, periodista e historiador mexicano de origen francés. El estilo literario de sus prosas fue el modernismo de tendencia decadente. Fue el padre del poeta Renato Leduc. La carrera literaria de Alberto Leduc inició en 1891, con la escritura de la primera novela corta del modernismo mexicano, María del Consuelo, que publicó en la Tipografía de El Nacional hasta 1894, al igual que Un calvario. Memorias de una exclaustrada, nouvelle con la que ganó un concurso literario convocado por el periódico El Universal en 1893. A lo largo de su trayectoria, Leduc publicó cinco libros de cuentos: Para mi mamá en el cielo (Cuentos de Navidad) (Tipografía de El Nacional, 1895), Ángela Lorenzana (Tipografía de El Nacional, 1896), Fragatita (Tipografía de El Fénix, 1896), En torno de una muerta y Biografías sentimentales (ambos publicados por la Tipografía de El Nacional en 1898).

Bernardo Couto Castillo (1879-1901) fue un cuentista y escritor mexicano de finales del siglo XIX. Sus obras se inscriben en la segunda generación modernista de la literatura mexicana, en la que se encuentran escritores como José Juan Tablada, Amado Nervo y Ciro B. Ceballos. Su obra más conocida y representativa es Asfódelos libro de cuentos publicado en 1897, aunque varios de los textos que lo conforman ya habían sido publicados en algunos periódicos de la época. Murió a la edad de 21 años, por tal, se le considera la imagen simbólica más acabada del artista bohemio y decadente de la literatura mexicana.

Carlos Díaz Dufoo (Veracruz, Veracruz, 4 de diciembre de 1861 - Ciudad de México, 5 de septiembre de 1941) fue un periodista, dramaturgo, ensayista, economista y académico mexicano. Vivió durante su juventud en Europa. En España, escribió para las publicaciones El Globo y Madrid Cómico. Regresó a México en 1884, colaboró para los periódicos La Prensa y El Nacional. En su estado natal dirigió las publicaciones El Ferrocarril Veracruzano y La Bandera. Se trasladó a la Ciudad de México para colaborar en El Siglo XIX y El Universal. En 1894, junto con Manuel Gutiérrez Nájera, fundó la Revista Azul, y más tarde con Rafael Reyes Spíndola, fundó El Imparcial.

Además de dirigir ambas publicaciones, fue director de El Mundo y codirector junto con Manuel Zapata Vera de el El Economista Mexicano. Colaboró para la Revista de Revistas y fue uno de los primeros editores de Excélsior. Utilizó los seudónimos de Cualquiera y Pastiche. De los redactores de El Imparcial tanto Díaz Dufoo como Reyes Spíndola, los escritores Juan A. Mateos y Francisco Bulnes, el caricaturista José María Villasana y el periodista Fausto Moguel, fueron diputados de la federación en 1897. Su estilo literario fue modernista. Escribió obras de teatro, ensayos, cuentos y dos biografías: de Ignacio Torres Adalid y José Yves Limantour. Fue nombrado miembro de número de la Academia Mexicana de la Lengua, tomó posesión de la silla VIII el 15 de mayo de 1935. Murió en la Ciudad de México el 5 de septiembre de 1941.

EFRÉN REBOLLEDO (Actopan, Hidalgo, 9 de julio de 1877 -Madrid, España, 11 de diciembre de 1929) fue un poeta mexicano. Poeta del Modernismo mexicano. Nació en Actopan, Hidalgo, en 1877, y murió en Madrid, España, 11 de diciembre en 1929. Fue bautizado e inscrito en el Registro Civil con el nombre de Santiago Procopio, nombre que cambió antes de ingresar a la preparatoria, en Pachuca. En la ciudad de México realizó estudios de derecho y llegó a ser abogado. Participó activamente en la Revista Moderna, El Mundo y El Mundo Ilustrado, entre muchas otras publicaciones periódicas. Con Enrique González Martínez y con Ramón López Velarde fue fundador de la Revista Pegaso. Sus obras más importantes son Caro victix y Salamandra. Sus Poemas escogidos, con prólogo de Xavier Villaurrutia, se publicaron en 1939, diez años después de su fallecimiento. En 1968 Luis Mario Schneider publicó sus Obras completas, y en 2004 Benjamín Rocha publicó sus Obras reunidas, con una documentada biografía. En 1997 se reeditó, en un solo volumen, Salamandra - Caro victrix, con prólogo de Luis Mario Schneider.

Justo Sierra Méndez (San Francisco de Campeche, Campeche, 26 de enero de 1848; Madrid, 13 de septiembre de 1912) fue un escritor, historiador, periodista, poeta, político y filósofo mexicano, discípulo de Ignacio Manuel Altamirano. Fue decidido promotor de la fundación de la Universidad Nacional de México, hoy Universidad Nacional Autónoma de México (UNAM). Se le conoce también como "Maestro de América" por el título que le otorgaron varias universidades de América Latina. Es considerado uno de los personajes más influyentes de la historia moderna de México.

Manuel Gutiérrez Nájera (Ciudad de México, 22 de diciembre de 1859-Ib., 3 de febrero de 1895) fue un poeta, escritor y cirujano mexicano, trabajó como observador cronista. Debido a que trabajó en distintos hospitales, utilizó múltiples seudónimos, no obstante, entre sus contertulios y el público, el más arraigado fue El Duque Job. Se le considera el iniciador del Modernismo literario en México.

www.ingramcontent.com/pod-product-compliance
Ingram Content Group UK Ltd.
Pitfield, Milton Keynes, MK11 3LW, UK
UKHW021938190726
13853UKWH00004B/1520

9 786589 575290